LIBER ULTIMA

Tratado de Construcción

Arigüilca
Sepher Djetzirah

LIBER ULTIMA

Prolegómenos

Ha llegado a mis manos, mediante un mecanismo oscuro este breve texto que comparto, el cual se me ha invitado reproducir y diseminar de manera exclusiva. Confieso que el mismo, cuando lo recibí llevaba como encabezado "Tratado de Construcción"; el mismo no estaba dividido en secciones. El texto estaba comprimido y simplemente dividido por párrafos.

El título "Liber Ultima" se lo he adjudicado por el mensaje que transfiere y las implicaciones que observé en este documento, el cual me creó gran interés y necesidad de darle a conocer.

El tratado nos trae términos que han sido bastante utilizados en los últimos años, como: La Gran Obra, El Nuevo Orden; pero en este caso sus connotaciones son algo más evidentes. Sin lugar a dudas, levanta el cuestionamiento: ¿dónde origina este tratado?, ¿a quién o a quiénes fue originalmente comunicado?, ¿por qué personas o entidades?

Todas estas preguntas, que generan de un documento tan breve, son todavía desconocidas; pero habrá alguien que acceda este contenido que pueda, efectivamente, dar cuentas de las respuestas a las mismas.

Confío que su brevísima lectura sea de provecho a todos.

Profunda Paz,

Sepher Djetzirah

Liber Ultima

"Este es el camino de la Gran Obra. Hay un gran trabajo interior que realizar el cual os lleva a conoceros de manera muy profunda." Es el mensaje al Adepto.

La Obra abre la comprensión hacia El Ente: La Mente Universal.

Para que la Gran Pirámide pueda ser construida, será importante explicar de manera breve, asertiva y muy profunda cómo se origina teóricamente este trabajo y se siembre en el hombre desde la Mente Universal.

Primero es importante indicar que para que el hombre sienta su realización en esta encarnación debe idealizar o conceptualizar el arquetipo de la Mente Universal; o sea su dios.

Si en los más profundos esquemas de la conciencia del interior no existe la idealización del Ente Supremo o Mente Universal, nunca podrá ocurrir la transmutación del alma o del ser individual porque se carecería de modelo, no tendría lugar la emulación que, más allá de las básicas necesidades para el sostenimiento de la vida animal, es su vehículo de conversión en algo superior. Es esta transmutación la necesidad más básica del alma humana.

Los humanos son muy fácilmente programables para la aceptación válida de un modelo de Ente Supremo que hemos diseñado y que integra las cualidades excelsas que se les ha colocado, y que se les muestra como cualidad virtuosa. Es esa la verdadera raíz de la Gran Obra que lleva al hombre a convertirse en un reflejo prístino del Ente Supremo o bien, la Mente Universal.

Para lograr este artificio o implante existencial se definen tres pilares clave como base: La

Proyección, Las Obras y La Identidad.

Columna Prima

La Proyección

El vehículo por excelencia mediante el cual el Ente se manifiesta. Cómo se materializa. Cómo es percibido por sus adeptos. Cuáles son las leyes con las cuales se debe cumplir.

Nunca se logrará el éxito sumando adeptos cuando las leyes definidas induzcan a los neófitos o a los adeptos; o bien a los simpatizantes a faltas sociales en sus círculos externos porque los convierte en seres antisociales, carentes de compromiso social. Estos terminarán siendo rechazados e invalidados por sus sociedades.

Es importante notar que su círculo primordial es el externo y no el de la sociedad que estamos desarrollando. La Gran Obra consiste en lograr que los adeptos modifiquen sus estructuras internas, transfiriendo la importancia que ha conferido hasta ahora de su círculo social externo original, al círculo de esta nueva elite que estamos creando. Así que no puede haber un solo sistema de leyes. Estas, las leyes, han de irse modificando a la vez que el adepto se adentra en el templo que llamamos La Gran Pirámide.

Lo bueno y lo malo; siempre se basarán en el cumplimiento de las leyes desarrolladas por niveles. En la realidad el bien y el mal son conceptos aprendidos y varían de sociedad en sociedad; por ello es imprescindible tomar en cuenta las costumbres y tradiciones humanas a fin de crear leyes justas a cada grado de los adeptos. El concepto del bien y del mal siempre es reforzado por las emociones generadas por el segundo pilar. Siempre simples, fáciles de traspasar; pero con una gran carga, a modo de decálogos.

Columna Secunda
Las Obras

El Ente definido habrá de tener dos cualidades esenciales: la omnivisión (todo lo ve), la omnipresencia (está en todas partes). Cuando se ha definido de manera efectiva los conceptos de la ley, del bien y del mal que se hallan en la columna primera; y se han acompañado de una imagen clara del arquetipo divino: el Ente, que está en todas partes y que todo lo ve, se generarán inequívocamente dos conductas: el respeto y el temor (que solo un tanto más acentuado se convierte en miedo o en terror). Estas dos conductas humanas, el respeto y el temor, sean ya dirigidas o exacerbadas, son efectivas; sin embargo con efectos dispares: El temor debe ser el preferido. Considerámoslo, el temor, como ese fino equilibrio entre respeto y miedo; el cual típicamente generará una particular devoción hacia la mayoría de las deidades en esta existencia. Los temerosos suelen ser dóciles y confiados seguidores, que creen con certeza (el influjo de la llamada fe); y cuestionan muy poco o nada. Sin embargo el temor exacerbado, producirá individuos incapaces de avanzar hacia alguna parte, no son útiles a este trabajo.

Por el contrario, el respetuoso siente que existe una pequeña rendija por la que se cuela la duda, la cual le insta a la investigación y al descubrimiento que inevitablemente le lleva a la ruptura con el modelo existencial al que estuvo adherido. Exacerbado, en este caso nos referimos a aquel a quien no se haya podido implantar respeto por los "valores" que se le hayan definido, produce individuos totalmente escépticos, inadaptados e incapaces de agruparse entre sí porque no creerán ni en lo que otros como él, sienten y piensan; por lo que producen un efecto neutro a nuestras actividades; y a quienes somos indiferentes.

De otra parte, el miedoso también romperá con el modelo; pero éste por razones diferentes: la pobre o baja estima propia, ante la incapacidad de complacer los designios del Ente; o la imposibilidad de lograr la transformación para cada día parecerse más al Él, le obligará a escapar del modelo por sentirse indigno y no merecedor de tales virtudes. Es muy triste que en algún caso extremo de este tipo de manifestación del miedo o desequilibrio psicológico, este estado culmine materializando la intención de estos individuos de terminar sus vidas.

Por último, identificamos el temor como la clave generatriz de las conductas esperadas manifestadas en obras; es decir, son la puesta en acción de las leyes establecidas y operadas al amparo de los conceptos de bien y de mal que han percolado en la psiquis del adepto. El creyente actuará conforme las expectativas si, y sólo si, la imagen del Arquetipo, las leyes y los conceptos morales de bien y de mal han sido correctamente programados e implantados en su consciencia. En otras palabras el Segundo Pilar será efectivo si las bases del Primer Pilar son correctas y se han implantado afirmativamente.

El adepto se ceñirá a la ejecución de las buenas obras porque reconoce que recibirá recompensa por ser bueno.

También reconoce como válido el justo castigo por el incumplimiento o las malas acciones. Por tal motivo el modelo del Segundo Pilar debe establecer claramente los castigos y las recompensas de acuerdo al comportamiento del adepto. Los castigos, lo suficientemente fuertes como para promover comportamientos favorables a la perpetuidad y solidificación de la Gran Pirámide; pero no demasiado fuertes como para invitar al adepto a querer separarse de la sociedad porque se desmoronarían los cimientos que sostienen los pilares; por tanto la Gran Pirámide no podría sostenerse. Toda recompensa debe propender a la sensación de crecimiento interior a la vez que va confiriendo mayor conocimiento de los secretos y el gradual ascenso en la escala de la sociedad propuesta.

Entonces pues, el segundo pilar alimenta el ego del adepto; es el agua que necesita la planta para crecer y echar raíces profundas dentro de esta sociedad que levantáis. Esto es lo que permite que la columna tercera pueda ser implantada.

Mirad y comprended bien lo que aquí os digo: Duerme la duda en el respeto, yace el misterio en el temor, regurgita la locura en el terror.

Columna Tertia
La Identidad

Tiene ya el adepto en qué creer, conoce la ley y lo que esperáis de él sobre la forma en que se conduce al interior y al exterior de la sociedad a la que le habéis inclinado pertenecer. Pero os quedará por entregarle el mapa de su ubicación individual dentro de esta solidísima mas etérea estructura. En ausencia de la creación de esta guía, la sociedad no prosperará porque el adepto necesita valerse de ella para lograr la meta, que no es otra que la materialización de sus sueños;

mismos que naturalmente han sido implantados por el diseño de La Gran Pirámide que habéis creado para él.

Este mapa existencial definirá para el adepto dos elementos clave:

En primer lugar, en su interior, quién es espiritualmente, cuán especial es, y cuán cerca está del Ente (cuánto similar es al mismo). En segundo lugar, quién es socialmente dentro la *Classis Inferioribus*, o sociedad común; y quién es socialmente dentro de la *Classis Seniores*, o el interior de la sociedad creada basada en la Gran Obra.

El tercer pilar se sostiene si el adepto disciplinado se siente valorado, recompensado, especial; que con cada acción y con su esfuerzo y disciplina a través del tiempo se siente más exclusivo, más cerca de su dios (el Ente); se siente más parecido a él.

La verdadera Gran Pirámide cuenta con los tres pilares base que hemos detallado, los cuales la sostienen, elevando el alma humana hacia el encuentro con la Mayor Luz Cósmica, digámosle Ente, hasta fundirse con ésta. Este es un proceso que genera el mayor poder social, económico y político.

Esta suerte de Arte Mágica aplica a todas las estructuras de sociedad que existen; y sin fallas, a la cabeza existe el Ego: El devenir del Gran Caudillo, El Gran Sacerdote, El Gran Gobernante, el Gran Presidente de la Corporación, El Gran Maestro. Sin excepción, en el proceso de ascenso, el adepto quiere y necesita una "escuela de pensamiento", una disciplina que sistemáticamente le eleve hasta llegar a la cúspide de la pirámide, desde donde no solamente disfrutará de la vista, sino del poder que le confiere estar en aquel lugar.

Es este el fin último de todas las sociedades, para ello no hay excepción porque nosotros lo hemos diseñado así; y es esta la receta alquímica que hemos compartido a través de las eras con elites como la vuestra, con el fin de desarrollar este mundo y llevarlo a niveles superiores. Es este el modelo perfecto que logra juntar grandes grupos con poderes muy centralizados en el logro de todo avance filosófico, político, tecnológico, científico, y capaz de erradicar la anarquía. No es la humanidad sino una manada como ocurre con cualquier especie de vivientes: todos necesitan El Alfa, el Caudillo, El Superior que conduzca, que dirija. Este Alfa, no será otro que el más similar al Ente, según se haya definido. En la implantación de una sociedad espiritual, es el equivalente a la Voz de su Dios en la Tierra.

Classis Inferioribus

Os digo que el individuo humano, como agente activo o pasivo situado en un colectivo mayor, como lo es una ciudad, un pueblo o un país, acciona en una *Classis Inferioribus*, o Estrata Común. En estas grandes unidades convergen individuos de todo tipo, mezclados en una masa cuasi-heterogénea. Así mismo como se definen sociedades cuyo fin propende al control, pero no a la destrucción; del mismo modo existen sociedades de control dentro de cuyos fines está alcanzar esta llamada cúspide del Alfa, que os hemos mencionado antes, donde se incluye la destrucción como una de sus herramientas. Naturalmente, estas sociedades que incluyen la violencia originan en sus entrañas y en sus periferias el miedo, por lo que pueden ser muy efectivas a corto plazo; pero acaban por extinguirse. Sin embargo, el proceso de extinción de estos elementos radicalizados extrapola estas manifestaciones violentas a ciertas *Classis Seniores*, por ello, se ve en las diferentes sociedades criminalidad organizada, o segmentos sociales que actúan violenta y criminalmente contra miembros de su propia sociedad. Como manifestado, estas sociedades, cuyas herramientas incluyen la violencia, terminan por ser rechazadas y abandonadas por sus propios miembros porque el sistema de premio y castigo termina por acabar con ellos mismos, reduciendo cada vez más los adeptos adscritos a tal sociedad hasta desaparecer.

En la medida en que una Estrata Común cuente solamente con Clases Superiores, cuyos fines no sean destructivos, veremos sociedades, ciudades, países, conglomerados de países más pacíficos, con capacidades racionales, sistemas de creencias y tecnologías más avanzadas; en ello estriba la capacidad de instaurar el Nuevo Ordenamiento Universal.

Classis Seniores

Habiendo definido el concepto de la *Classis Inferioribus*, se hace muy evidente lo que implica el concepto de *Classis Seniores*; haciendo casi sobrar las palabras para explicar tal concepto. Aquellas institucionalidades, a modo de grupos reducidos que accionan al interior de estas ya definidas *Classis Inferioribus*, son *Classis Seniores*; o sea sociedades controladas instauradas al interior de estas estratas de mayor tamaño; y que han establecido sistemas de creencias, sean ya políticas, religiosas, filosóficas, o de cualquier tipo, que estén basadas en la implantación inequívoca de los Tres Pilares de la Gran Pirámide.

Sed pues fieles al tratado que os hemos propuesto y tendréis potestad sobre los rebaños. Los guiaréis, seguramente, hacia el control, el progreso, el orden y la obediencia.

fiat fiat fiat

Arigüilca